Hedil Al-Rashid

All'orlo del cielo

Poesie d'amore e altre

هديل الراشد

على حاشية السماء

قصائد حب

Titel
Italienisch: **All'orlo del cielo**
Deutsch: **Am Saum des Himmels**
Arabisch: على حاشية السماء

**Poesie d'amore e altre
Liebesgedichte**
قصائد حب

Autorin: **Al-Rashid Hedil**
هديل الراشد
Herausgeber: **Fouad EL-Auwad**
فؤاد آل عواد
Aus der Reihe "**Lyrik-Salon**"
سلسلة صالون الشِعر

1. Auflage 2018, zweisprachig (Italienisch/Arabisch)
Edition Lyrik-Salon Spezial 2018
© Copyright Fouad EL-Auwad
www.lyrik-salon.de
© Copyright für die Originaltexte bei der Autorin

Titelbilder: Hedil Al Rashid
Umschlagsdesign, Satz & Layout: Fouad EL-Auwad

Herstellung und Verlag:
BoD - Books on Demand, Norderstedt
ISBN 9783746066363

Hedil Al-Rashid

All'orlo del cielo

Poesie d'amore e altre

هديل الراشد

على حاشية السماء

قصائد حب

All'orlo del cielo

Questa raccolta di poesie é come un mazzo di fiori colorato e vivace che ci racconta di frammenti di storie, di confessioni d'amore, di dolori, di nostalgie, di addii, dell'innocenza dei bambini. Nello stesso tempo viene evocato il fanatismo, la guerra, la pace, il senso di patria, la sensazione dell'esilio. Le memorie dell'infanzia e della giovinezza sono colorite da "impressioni arabe" del crescere, dello sperare, del sentire e questo conferisce nella traduzione italiana un senso di estraneitá familiare che rende le immagini e le parole particolarmente originali. Questo intercalare leggero e intenso di immagini e emozioni stimola il lettore verso un viaggio con paesaggi di orizzonte di frontiera. Le dimensioni di sogno e di realtà nella poesie si evolvono come una danza narrante di parole liberate dal loro peso ci stimolano lá sull'orlo del cielo.

Am Saum des Himmels

Der vorliegende Gedichtband ist ein bunter Blumenstrauß der Liebesbekenntnissen und Schmerz, Sehnsucht und Abschied, Kindesunschuld und Fanatismus, Krieg und Frieden, Heimat und Exil miteinander vereint und die Leser auf die Reise durch eine Landschaft aus Traum und Wirklichkeit entführt.

Hedil Al-Rashid

All'orlo del cielo

Poesie d'amore e altre

Widmung
Per il fonte d'ispirazione e il mio amore Vincenzo

إهداء
إلى
ملهمي وحبيبي
فينتشنسو

Cielo azzurro

Vedi l'orizzonte
laggiù in lontananza?
Cielo azzurro
abbraccia la terra
Fresco è il vento
fredda la mia mano
Calda è la terra
calda la tua pelle
già sento il suo calore
Senti il vento fresco?

سماء زرقاء

أترى الأفق؟

بعيداً هاهناك؟

سماء زرقاء

تعانق الأرض

باردة هي الريح

باردة كيديّ

دافئة هي الأرض

دفء بشرتِك

لطالما شعرتُ بدفئها

أتشعر أنت ببرد الريح؟

Una notte stellata
La notte si è svegliata
un abito adornato
di pietre illuminate
di velluto morbido
Proprio come te
quando sorridi
e il luccichìo
nei tuoi occhi
risveglia cose belle
dentro di me
come una notte stellata

ليلة ساطعة النجوم

أفاق الليل

بحلّةٍ ناعمة كالمخمل

مُرَصَّعه

بأحجارٍ متلألئه

مثلك تماما

عندما تتبسّم

ويحيي ذاك البريق

في عينيك

أشياء جميلة

في داخلي

كليلةٍ ساطعة النجوم

Delicata
appariva
come melodia
che sgorga da un violino
Capelli scuri irrefrenabili
come le onde di un fiume
Ogni volta girandosi
spargeva Fiori intorno a lei
incantava i presenti
allettava gli sguardi
di quel ragazzo scuro

بدت
عذبةً
كلحن ينساب
من آلة كمان
شعر داكن
جامح كتموّجات النهر
كلما استدارت
نثرت خصائلها
وروداً من حولها
أذهلت الحاضرين
وأثارت انتباه
ذاك الشابّ الأسمر

I suoi occhi
un mare di tenerezza
Il loro colore:
miele
Chi tenta
di nuotare contro la corrente delle onde
viene sopraffatto dalla sua magia
si perderà
Chi tenta
d'assaggiarne il sapore
non lo dimenticherà mai
e dalla sua dolcezza verrà inebriato

عيناه

بحر حنان

لونهما

العسل

من تجرَأ

وعام عكس تيار أمواجه

غلبه سحرهما

خسر

من تجرَأ

وشرب منه

ما نسي قط مذاقه

انتشى من حلاوته

ربح

Ieri
sei andato via
Hai lasciato
il tuo profumo
nelle pieghe del mio vestito
Lo sto indossando
per sentire la tua anima
attorno a me
per ascoltare il tuo respiro
dentro di me
Lo sento con tutti i miei sensi
È unico

بالأمس

رحلت

بالأمس خلّفتَ عطرك

على نقش الفستان

أرتديه الآن

لأشعر من حولي

بوجودك

لأُنصِتَ في خَلَدي

إلى أنفاسك

أستشعره بكلّ حواسّي

أدرك

أنّ لامثيل له

Rose rosse scuro e rose rosa
goccie di rugiada
un maggiolino
e fiori del gelsomino
trasparente alla luce
più bianco del bianco
e nel mezzo
erba, verde intenso
screziata d'acqua
Sul ramo dell'arancio
canta un usignolo
e nel mezzo
il tuo sorriso affascinante
Che incantevoli le rose nei tuoi capelli
le rose rosse scure e le rose rosa...

ورود حمراء قانية وورود وردية
قطرات ندى
خنفساء
وورود الياسمين الشفافة
المنفذة للضوء
أنصع من البياض
وفي المنتصف
حشيش أخضر يانع
رُشَّ توأ بالماء
ومن على غصن شجرة البرتقال
تغريدة بلبل فتان
وفي المنتصف
إشراقتك الساحرة
ماأجمل الورود في شعرك
الورود الحمراء القانية والورود الوردية

Il Sogno

Ho sognato un paese senza muri
campi di grano infiniti
campagne dove i fiumi non si seccano mai
deserti pieni di alberi

Ho sognato case di poesia
porte senza serratura
strade che portano alla speranza
la gioia negli occhi dei bambini

Ho sognato una lingua senza grammatica
poesia senza metrica
opinioni senza obblighi,
voci senza bavagli

Ho sognato una canzone di dolce melodia
cantate da vecchi e giovani
Ho sognato un' altalena
dondolare fra le risate dei bambini
Ho sognato una leggenda
emergere al di là fantasia

الحلم

حلمت بوطنٍ بلا أسوار
بحقول قمح على مد الأبصار
بأراضٍ لا تجف بها الأنهار
بصحاري تعج بالأشجار
حلمت ببيوت من أشعار
بأبواب مفتوحةٍ، بلا أقفال
بشوارع تضفي الى الآمال
بالغبطة بعيــون الأطفال
حلمت بلغةٍ بلا قواعد بقصائد بلا أوزان
بأصوات بلا تكميم بآراءٍ بلا أغلال
حلمت بأنشودة حلوة الألحان
يرددها الكبار والصغار
حلمت بأرجوحة
تميل مع ضحكات الأطفال
حلمت بأسطورة
مجردة عن الخيـال

Ho sognato una bugia
diventare verità
Ho sognato delle armi
sparare fiori e matite
Ho sognato un momento di pace
durare per generazioni

Ho sognato la prima luce del mattino
abbracciare il buio della notte consumata
Ho sognato l'azzurro del cielo
adornato di palloni colorati
Ho sognato il momento atteso
che realizza una parte di questo sogno

حـلمت بأكـــذوبة
صارت حقيقةً، واقع حال
حلمت بأفواه بنادق
تطلق وروداً وأقلام
حلمت بلحظة سلمٍ
دامت على مر الأجيال
حـلمت بنور الصــباح
يعانق ســواد الليال
حـلمت بزرقة السماء
تزيّنها ألوان البالونات
حلمت باللحظة التي طال انتظارها
ليتحقق جزءٌ من حلمي هذا

Un Poema d'Amore
vorrei baciare i tuoi teneri occhi
abbracciare il dolce sorriso delle tue labbra
viaggiare nel mondo della tua fantasia
volando come una colomba fra tue braccia
e sciogliermi nel mare dell'amore

Vorrei sentire il calore delle tue mani
navigare nelle tue vene
arrivare sulle sponde dei tuoi sogni
cullarmi nei tuoi baci
sentire il tuo pulsare nelle mie vene
provare la dolcezza della passione

Vorrei accarezzare i tuoi sogni
coccolarti come un bambino
ascoltare il battito del tuo cuore
rinascere nel tuo mondo
e perdermi dentro di te

Vorrei diventare prigioniera del tuo cuore
e fondermi con te
dimenticare le regole dell'amore
diventare brezza sulla tua fronte

Vorrei semplicemente
senza limiti e dubbi
senza condizioni
amarti infinitamente

قصيدة حب

أودُّ لو قبّلتُ عينيك

وحضنتُ البسمة على شفتيك

أسافر في عالم خيالك

كالحمامة أرفرفُ فوق ذراعيك

أذوب في بحر العشق

أتحسس دفء لمسات يديك

أودُّ لو أبحرتُ بعروقك

يحملني الشوق إليك

أرسي على ضفاف أحلامك

تداعبني قبلاتك

تسري بعروقي نبضاتك

تسحرُني حلاوة الغرام

أودُّ لو داعبتُ أحلامك

كالطفل الصغير أدللُك

أستمع لدقّات قلبك

يُعاد ميلادي في عالمك

بل أضيع بأعماقك

أودُّ لو أمسيت أسيرةَ قلبك

وتماهيت معك

أود لو نسِيْتُ قواعد الحبّ

وصرتُ نغماً فوق جبينك

أود ببساطة لو أحببتُك

بلا شروط بلا قيود...

بلا شكوك بلا حدود ..

Le strade della citta

Ho camminato su strade
strade sconosciute
perdendomi
Ho camminato su strade familiari
mi sembravano estranee
mi sono fermata

C'erano uomini
erano spenti, senza colore
ho cercato le loro facce
ma non ho trovato il sole
ho guardato nei loro occhi
erano spogli, opachi
gli ho regalato il calore
un sorriso dolce dal cuore

Ho ascoltato la loro voce
ma ho sentito solo rumore
ho cercato di capire le loro parole
mi sembravano ottuse
ho regalato loro una canzone d'amore
che risuona come goccie di pioggia

Ho chiesto dei loro sogni
ma non ne avevano
ho regalato loro un sogno
sogno di luna e di sole

شوارع المدينة

سرت في شوارع المدينة

شوارع غريبة عنّي تهت

وشرد ذهني منّي

سرت في شوارع قريبة منّي

إلا أنها بدت خالية بعيدة عنّي

غير انها كانت مكتظّة.. وقفت مكاني

حولي زحام الناس

كل الوجوه متشابهة

بل مطفأة بلا ألوان

تفحّصتُ الوجوه أفتّش عن الشمس

فلم أجدها بل غطتها الاحزان

نظرت الى العيون أبحث عن الدفء

فوجدتها باردة خالية من الحنان

أهديتهم ابتسامةً من الصميم

ونوراً يبدد من قلوبهم الأشجان

استمعت الى أصواتهم

فبدت لي كضجيج كزجر

حاولت فهم عباراتهم

فبدت لي مبهمة ثقيلة كالحجر

أهديتهم أغنية حب

لحنُها وقْعُ قطرات المطر

سألتهم عن أحلامهم

فما كان عندهم من أحلام

أهديتهم حلماً

حلم الشمس والقمر

Esitazione

Dammi tempo
due secondi o di più
aggrottando la fronte
per stare in silenzio o per pensare
mezza giornata o di più
per ordinare i miei pensieri
una settimana o di più
per comprimere le parole
e portarle come una collana
sul mio seno
anzi sulle mie labbra
due mesi o di più
per riprenderle
gettarle sulle strade
come se non fossero mai esistite
due anni o di più
per ritrovarmi
..e ricominciare
Rimpiango
ma é già tardi

تردد

إمنحني الوقت..

ثانيتين أو أكثر..

أقطِّب فيها جبيني

ألتزم الصمت أم لأتفكّر؟

نصفَ نهارٍ أو أكثر..

أرتب خلاله أفكاري

أسبوعاً أو أكثر..

لأُرصُّ كلماتي

كالعقد أحملها

على صدري

بل على شفتيّ

شهرين أو أكثر..

لأسحب كلامي

لأرميه على قارعة الطريق

كما لو لم يكن

سنتين أو أكثر..

لأجد نفسي

لأبدأ من جديد..

أندم..

إلا أنه قد فات الأوان

Brama

Resto sul letto
Mi uccide la solitudine
Sembra un secolo
Mi assilla l'ansia
Guardo la stanza
sognando
però non sto dormendo
sospesa
però non sono innamorata
Desidero il suo contatto
le carezze sul mio corpo
sulla mia nuca, sulle mie braccia
volo nell'estasi
come montagne russe
Desidero i suoi baci
per animare la mia esistenza
risvegliarmi dalla mia letargia
sentirmi donna
Mi mancano i suoi sguardi
che seguono la mia ombra
che mi osservano di nascosto
e il mio sguardo che lo sorprende
Mi guardo attorno
non lo trovo
non vedo il suo viso
ma ritrovo il cuscino
accanto me
senza lui

شوق

استلقيت على سريري

تقتلني وحدتي

تبدو لي كحقبة من الزمن

أضناني الحنين

تأمّلتُ الغرفة

حالمة

ولست بنائمة

هائمة

ولست بعاشقة

أتوق للمساته

تداعب جسدي

تدلّل عنقي وذراعي

لتأجج وجداني

كقطار سريع

أتوق لقبلاته

لتُحيّ كياني

لتوقظني من سباتي

لتشعرني بأني امرأة

أفتقد نظراته

تتعقّب خيالي

تراقبني سراً

فتفتضحها نظراتي

أنظر من حولي

فلا أجده

لا أرى وجهه

بل أجد الوسادة بجانبي خالية

31

Le colombe bianche
sono giá macchiate di rosso
Sogni sotterrati
da quando i coltelli sono stati affilati
La marea nera devasta ciecamente le case
distrugge l'innocenza
soffoca i fiori di campo
Rimane solo la memoria
la memoria dei nomi degli innamorati
incisi sugli alberi
la memoria delle melodie delle danze
le memorie della risate di vecchi e giovani

الحمامات البيضاوات

أصبحت مبقّعة باللون الأحمر

دُفنت الأحلام

منذ أن سُئَت السكاكين

السيل الأسود يفتك بالبيوت مستعرا

يسحق البراءة

يخنق الورود في الحقول

لم يبق سوى الذكرى

ذكرى أسماء العاشقين

على الأشجار

ذكرى أنغام الرقصات

ذكرى ضحكات الكبار والصغار

L'amore e marzo
sono intimi amici
Il primo incontro
fu in marzo ..
l'ultima goccia di pioggia
I fiori di narciso
che mi hai regalato
e quel posto in ultima fila nel bus
seduti insieme
fu in marzo
Il primo bacio
anzi la mia prima poesia
fu scritta
in marzo

الحب وآذار

الحب وآذار

رفيقان حميمان

اللقاء الأول

وآخر قطرة مطر

كانا في آذار

أزهار النرجس

التي اهديتنياها

وآخر مقعد في الحافلة

اقتسمناه

في آذار

القبلة الأولى

بل حتى قصيدتي الأولى

كتبتها في آذار

Follia

Indicami la via
verso le oasi della ragione
perché possa ritrovarmi
Poiché da quando ho incrociato il tuo sguardo
il senno mi ha abbandonato
e nei labirinti della follia
mi sono persa
diventando goccia di tristezza

جنون الحب

دُلّني الدرب

اهتدي الى واحات الصواب

لأجد نفسي

فأنا مذ رأيت عينيك

غاب عقلي

وفي متاهات الجنون

تهتُ وأمسيتُ نقطة شقاء

Un desiderio

Vorrei essere vento per le tue vele
e tu la corrente che trascina le mie foglie

Vorrei essere il fiume della tua fantasia
e tu il cielo che sostiene le mie nuvole

Vorrei essere il lago che accoglie la tua pioggia
e tu la luce che fa fiorire le mie rose ...

أمنية

تمنّيت
لو كنتُ ريحاً لشراعك
وأنت تيار النهر الذي يحمل أوراقي
تمنّيتُ
لو كنتُ الجدول الذي يغذي خيالك
وأنت السماء التي تحمل غيماتي
تمنّيت
لو كنتُ واحةً تقتاتُ بأمطارك
وأنت الضوء الذي يفتّح أزهاري

Fare una conoscenza

I visi si sfiorano
gli sguardi si afferrano
e non si lasciano piú
Lui le suscita sulle sue labbra un sorriso
Lei lo guarda incuriosita
Lui le va incontro
A lei piace la sua andatura
Lui le chiede cortesamente di un Café vicino
Lei risponde compiutamente
Dai suoi pensieri
scompaiono lentamente le rosse rose
e lui le raccoglie in un mazzo
La invita
in quel Café
Lei accetta
e inizia
l'avventura

تَعارف

يخطف وجهه محيّاها
تلتقط نظراتُه عينيها
تمسك بهما دون ان تدعهما
يرسم ابتسامة على شفتيها
تبادله النظر بفضول
يقترب منها
تعجبها طريقة مشيته
يسألها بلطف عن مقهىً في القرب
تشرح له برحابة صدر
تختفي تدريجياً
من أفكارها
الورود الحمر
يلتقطها هو مجدداً
يضبُّها في باقة
يسألها إن كان بإمكانه
أن يدعوها
لفنجان قهوة
في ذاك المقهى
توافق
وتبدأ المغامرة

Un addio

Ci scambiamo gli sguardi
ancora 5 minuti
alla partenza
un ultima volta
assorbire il suo sguardo caldo
un ultimo abbraccio
un ultimo momento
per respirare la stessa aria
rievocare le esperienze comuni
Un ultimo momento
per sentire semplicemente la sua presenza
I nostri battiti fanno a gara
pulsando sempre più
Un ultimo bacio
toccando le sue inconfondibili labbra
L'addio si avvicina
Il treno si mette in movimento
Ci separiamo
lasciando
le nostre ombre
sul binario
abbracciate

وداع

نتبادل النظر

مازال هناك

خمسَ دقائق

حتى موعد الرحيل

فرصة أخيره

للإرتواء من نظرته الحنونة

عناق أخير

فرصة أخيره

لاستنشاق الهواء ذاته

لنستذكر ماعشناه سويّة

فرصة أخيره

لمجرد إحاطته بي

تتسابق القلوب

يتسارع خفقانها

قبلة أخيره

تغرقني ببحر شفتيه

يقترب موعد الرحيل

يبدأ القطار بالحراك

نفترق

مخلّفين طيفينا

على الرصيف

متعانقين

Sei lieve
come la notte accarezza un ramo del gelsomino
Sei desideroso
come il deserto
anela la pioggia
Senti la mia voglia
Io la tua passione
Peró tu resisti al dolce flusso
lottando contro il vento …
come se tu fossi uno scoglio
In realtà sei come una tenera foglia
dispersa nel vento
sopraffatto dal desiderio d'amore
In realtà
sei lieve

هادئ أنت
كليلٍ يداعب
غصن ياسمين
مشتاق أنت
كاشتياق الصحراء
لسقوط المطر
تُراك تعي لوعتي
كما أعي هيامك
لكنك تدعي التجافي
تقاوم عذوبة التيار
تسير ضدالريح
متصوراً نفسك سفح الجبل
لكنك في حقيقة الأمر
ورقة مغلوب على أمرها
أمام سيل الغرام
ذهبت مع الريح
في حقيقة الأمر
أنت هادئ

Seduzione

Mi sono preparata per la sera
Ho indossato un abito
tacchi alti
il rossetto
Ho sedotto la sera
le ho sorriso
lei arrossí, fuggí
cercando rifugio nella notte
Ho smaltato le unghie
messo la collana preferita
preso la borsetta
e sono partita in taxi
Mi sono diretta verso la notte
ho acceso una sigaretta
le ho fatto l'occhiolino
confondendola
Le ho regalato un bacio
La notte si stupí
si arrese
e la sera fece lo stesso

إغْواء

تهيأتُ للمساء
ارتديت فستان مساء
لبست كعباً عالياً
وضعتُ أحمر الشفاه
أغويتُ المساء
ابتسمتُ له
احمرَّ من الخجل، فرَّ
ثم لجأ الى الليل
طليتُ اظافري
وضعتُ قلادتي المفضّلة
حملت حقيبتي
ركبت التاكسي
توجّهتُ الى الليل
ولّعتُ سيكارة
غمزت له
ارتبك الليل
اهديته قبلة
انذهل الليل
انسحر
استسلم لي
خضع
ومعه خضع المساء أيضاً

Pensi al mio amore?
Vorrei essere la prima goccia di pioggia
per cadere sulla tua guancia
e baciarla
per rinfrescarti
e inebriarmi
per evaporare

Vorrei essere una zolletta di zucchero
e sciogliermi nella tua tazza
per essere bevuta da te
affogare nel tuo mondo
e farti sciogliere come una zolletta di zucchero

Vorrei essere una rosa profumata
per essere colta da te
e farti respirare il mio profumo
riempire il tuo petto
insinuarmi nel tuo cuore
indugiando lí un momento

Vorrei essere un poema d'amore
per venire letto da te
impegnare i tuoi pensieri
per non dimenticare le mie parole
diventare eterna nella tua mente
per pensare al mio amore

أتتفكّر في حبّي؟

وددتُ لو كنتُ أولَ قطرة مطر
لأسقط على وجنتك
فأقبّلها
لتنتعش أنتَ
فأنتشي أنا واتبخر

وددتُ لو كنتُ حبّةَ سكّر
لتذوّبني في فنجانك
لتشربني
لأغرق في كيانك
وتذوب أنت كحبة سكّر

وددت لو كنت وردةً فوّاحة
لتقطفني
لتستنشق عطري
فأملأ صدرك
وأتسلل إلى قلبك
وبه استقر
وددت لو كنت قصيدة حب
لتقرأني
لأشغل بالك
فلا تنسى كلماتي أبداً
لأخلّد سحري في ذاكرتك
لتتذكر حبي وبه تفكّر

49

Ti guardo
all'alba
dormiente
con l'innocenza di un bambino
La brezza del mare
ha il sapore della sabbia
il fragore delle onde
suono di una ninna nanna
Ripongo questo frammento
in un posto speciale
del mio cuore
che diventa il mio dolce segreto

أتأملك

مع بزوغ الفجر

نائماً

كبراءة الطفل

ونسيم البحر

بمذاق رمل الساحل

هدير الأمواج

تهويدة طفل

يؤوم الى النوم

اقتطع المشهد

لأحفظه في مكان آمن

في قلبي

فيظل سري الرواء

Una confessione d'amore

Ti desideravo
da tanto tempo
come i piccioni viaggiatori
desiderano la libertà
Ti cercavo
negli angoli di conversazioni
tra le colonne dell' amore e della passione
dietro i muri del senso e del assurdo
tra i versi delle mie poesie
invano
Mentre mi trovasti
Il tuo desiderio infinito per me
ti portò a me
al mio desiderio eterno per te
alla tua mia anima
Mi amasti come
se lo avessi fatto da sempre
ti amai poiché
ti avevo amato da sempre

إعتراف بالحب

أشتقت إليك

منذ زمن بعيد

كاشتياق الحمام الزاجل

إلى الحرية

بحثت عنك

في كل زوايا الحديث

في أروقة الوجد والحنين

خلف أسوار المعنى واللامعنى

مابين أبيات قصائدي

عبثاً أجدك

بل وجدتني أنت

أوصلك شوقك الأبدي إلي

إلى شوقي الأزلي إليك

إلى روحي إلى روحك

أحببتني أنت

كما لو كنتَ قد

أحببتني من قبل

أحببتك أنا

لطالما قد

أحببتك من قبل

Il profumo dolce delle arancie
si mescola con il profumo dell'olio
che fugge dal riscaldamento
quando le memorie,
le memorie di fine inverno
si confondono fra loro
Con il cadere dei frutti del "celtis"
sotto la pioggia
corrono i bambini
si radunano gli uccelli
la terra si riposa
e il suo profumo si dirama
tra le oscillazioni dei rami degli alberi
rimanendo ancora nella memoria degli adulti

عبق البرتقال

ويمتزج عبق البرتقال الزكيّ

بنفحاتٍ من رائحة النفط

المنبعثة من المدفأة

باختلاط الذكريات

ذكريات آخر أيام الشتاء

وبتساقط ثمرات النبق

تحت زخّات المطر

يتدافع الصغار

تتجمع العصافير

تستريح الأرض

ويبقى أريجها

مع تمايل أغصان السدر

حتى اليوم

بذاكرة الكبار فوّاح

Una lanterna
un gioco da tavolo
alcuni datteri
Che altro?
Niente altro
tranne il silenzio astratto
buio pesto
attesa infinita
circondati da volti
sconfitti e pur pieni di speranza
Che fortuna!
   Tanto fu distrutto
      solo poco resta...

فانوسٌ
ولوح طاولة
وبضع تمرات
وماذا بعد؟
لاشيء سوى
سكونٌ مبهم
وظلامٌ دامس
وانتظار لانهاية له
تحيط به وجوةٌ
مهزومةٌ متفائلة
يا لحظّها الوافر !
دُمِّر الكثير
ولم يبقَ إلا القليل ...

Luna piena

Quando la luna si fa piena
germogliano dagli alberi ombre sonore
i sognatori abbracciano il loro sogni
la notte regina gioisce nella sua culla notturna
i baci degli innamorati si mischiano
nel profumo dei gigli della notte
lasciando emergere piacevoli suoni nella fantasia dei
danzatori sognanti

ليلة بدر
مع إطلالة البدر
تنمو للأشجار ظلالٌ ذات رنين
يحضن الحالمون أحلامهم
تزهو ملكة الليل بأحضان الليل
تختلط قُبل العاشقين مع نفحات الزنبق
تنطلق ألحان رقراقة في خيال الراقصين الحالمين

Senza luna

Quando la luna è assente
sprofondano gli oggetti negli abissi dell'incognito
cadono i sogni dal cielo, accumulandosi
le storie si rispecchiano nei volti dei nottambuli
gli innamorati si concedono una pausa
lasciando il piacere in attesa

محاق

بغياب القمر
تغرق الأشياء في أغوار المجهول
تتهافت الأحلام، تتراكم
ترتسم الخرافات على وجوه الساهرين
يأخذ العاشقون استراحة
تتريّث الشهوة

É un sogno
o la realtà?
di essere
e non di essere?
Le nuvole del passato
un intreccio
che mi incatena
strappandomi dal mio presnte
simile ad una divinitá
bloccata
tra due mondi
Forse é la bambina
dentro di me
che conta le stelle
inutilmente
Un sottile e magico filo dorato
dei tempi passati
mi inganna con una sbornia agrodolce
inebriandomi il cuore
anche solo un pó

أهو حلمٌ
أم حقيقة؟
أن أكون
ولا أكون؟
سحابات الأمس
شِباك تكبّلني
تجردني حاضري
كإلاهة حُشرت بين عالمين
ربما هي تلك الطفلة بداخلي
مازالت تعدّ النجوم
بلا جدوى
وبصيص من سحر الماضي
يوهمني بنشوة حلوة مُرّة
تُسكر القلب
ولو قليلاً

Forse sono i peccati del passato
che affiorano ogni tanto
per rubare il mio sonno
per ricordarmi le ferite del vento
Ogni volta si avvicinano a me
come i serpenti di Medusa
fissandomi
una parte del mio corpo impietrisce
Non ho abbandonato ancora la speranza
che mi perdonino
che io mi perdoni
per poter veleggiare
con i gabbiani
in pace

ربما هي هفوات الماضي

تظهر بين الحين والآخر

لتأرّقني

لتذكرني بجروح الرياح

تقترب في كل مرّة مني

كثعابين ميدوسا

كلّما لمحتني

تحجّر جزءٌ من جسدي

ما زلت آمل

أن تغفر لي

أن أغفر لنفسي

كي أُبحر مع طيور النورس

بسلام

Una spiaggia abbandonata
colline di sabbia audace
uno splendore dorato
Il celeste custodisce il cielo
Le sue nuvole
simili a palline di cotone
lo rasserenano
Voci delicate del mare
sussurano sogni dal mondo dell'infanzia
Che immagine fiabesca
se non fosse quel corpo taciturno
sulla battigia

ساحلٌ مهمل

رمال جريئة

هنا وهناك

بلمعان الذهب

سماءٌ تحرس غيماتها البيض

بزرقة فاتحة اللون

بينما تسلّيها هي

كقطع قطن صغيرة

صافٍ هو صوت البحر

قادمٌ من أحلام الطفولة

يالها من حكاية جميلة

لولا ذاك الجسد الصامت

على الهامش

Onda del mare
ci scorre di fronte delicatamente
accarezza i nostri piedi nudi
Una brezza fresca
fuggita dal mondo mitologico
sfiora la tua
la mia guancia
Sabbia benedetta dal sole
solletica la tua pelle
intanto la mia mano
riposa nella tua
Il tuo sguardo
caloroso come la vita
suscita delizia
nella mia esistenza
Mi chiedi: „sei felice?"
Rispondo: „sono felice
che ci sei, felice
 per te e me"

موجةُ بحر

تمر بعذوبة

تداعب أقدامنا الحافية

ونفحات زكية

هاربة من عالم الاساطير

تلامس وجنتي وجنتك

رمل باركته الشمس

يغطي بشرتك

يدي تسكن ليدك

ومن ثم نظرتك الدافئة

دفء الحياة

تبعث الفرح

في كياني

تسألني انت: "أأنت سعيدة؟"

أجيب: "أنا سعيدة بك

لك ولي"

Il tempo passa
come lui vuole...
I boschi si addensano
nella memoria
nascondono la luce
lentamente, rapidamente
davanti i ruscelli della tristezza
E ancora il tempo passa
come vuole...
Un vento freddo soffia
sui resti
di ricordi oscuri
cancella le ultime tracce della distruzione
mitiga i dolori
un pó

يمضي الزمن

كما يشاء

تزداد الغابات كثافةً

في الذاكرة

تحجب الضوء

ببطءٍ بسرعة

عن سواقي الأحزان

ثم يمضي الزمن

كما يشاء

تهب رياح باردة

على ماتبقّى من

أشلاء الذكريات

تمحو ملامح الدمار

وتخفف الاوجاع

قليلاً

Quando i mulini della guerra macinarono
il servitore cercò rifugio dal suo signore
Quando egli tacque
morì l'amore
e con esso il mito di dio

عندما دارت طواحين الحرب

استجار العبد الهه

حينها سكت

فمات الحب

ومعه اسطورة الربّ

Quando la pioggia evitò il bosco
si formarono rughe sui volti degli alberi
i tratti della prosperità svanirono nel ruscello
allora gli uccelli migrarono verso le favole
e con loro migrò anche la vita

عندما اجتنب المطر الغابة
ارتسمت تجاعيد على وجوه الأشجار
وتلاشت ملامح الازدهار في الجدول
حينها هاجرت الطيور الى الخرافة
ومعها هاجرت الحياة

Pensieri ostinati
rifiutano di integrarsi
parole audaci
di innocente intenzione
scorrono liberamente
attraversando il paesaggio degli ingannati
rivelano la vergogna
del sacro testo, consumato
col suono arrugginito
La sua recitazione
infastidisce ancora l'udito
procedendo contro corrente
Il nulla, tra il rumore della stagnazione
non incute piú timore nei cuori
destando perlopiú pietà

أفكار جامحة

تأبى الاندماج
كلمات جريئة
فحواها بريئة
أطلقت العنان
لتفصح عن نفسها
في مروج المغيبين
تكشف الوشاح
عن عورة النص المقدس الغابر
برنينه الصَدِء
مافتئت تراتيله
تصدّع الأسماع
وتسير عكس التيار
لاشيء سوى ضجيج الجمود
ما عاد يرهب القلوب
بل في الغالب
يثير الشفقة

Parole senza patria

In mezzo ai non luoghi
dove boscaglia e filo spinato
si mescolano
la logica perde il suo senso
In mezzo allo sconcerto
della speranza
in un rifugio sicuro
le parole diventano senza patria
i dolori senza casa
In mezzo alla crudeltà
la dignità trova il suo valore

كلمات بلا وطن

في منتصف اللامكان
حيث تختلط الادغال
مع الاسلاك الشائكة
يفقد المنطق معناه
في منتصف اللاحيلة
للأمل في ملجأ آمن
تصبح الكلمات
بلا وطن
والمعاناة
بلا مأوى
في منتصف اللارحمة
تكتسب الكرامة معناها

Notte di seta
un lampione solo
accarezza il tuo blu marino
quanto più delicato
tanto é più incantevole il tuo splendore

أيها الليل المخملي
ذاك فانوسٌ أوحد يدللك
كلما دللك اكثر رقة
كلما أشرقت أشد جمالاً

All'orlo del cielo
ho ricamato fiori d'amore per te
lá, tra i fili rossi del sole
ho nascosto una storia di mille e una notte
sigillata con una rosa dei giardini di Hafiz

على حاشية السماء

طرّزت زهور العشق لك

هناك مابين خيوط الشمس الحمراء

خبّأت حكايةً من ألف ليلة وليلة

خُتمت بوردة من حدائق حافظ

Hedil Al-Rashid

nata a Bassora nel 1970, suo padre fu Professore di Fisica all'Universitá di Bagdad, sua madre cittadina tedesca. Hedil Al-Rashid studia Germanistica all'Universitá di Bagdad, Facoltá di Lingue straniere. Nel 1992 si trasferisce in Germania studia Orientalistica e Germanistica all'Universitá di Gießen conseguendo il Magister Artium. La sua prima pubblicazione di poesie fu la raccolta "„Denkst du an meine Liebe?" ("Pensi al mio amore?", 2015, / (Edition Lyrik-Salon) editore Fouad EL-Auwad), in tedesco e arabo. Inoltre alcune sue poesie sono state pubblicate sempre in lingua tedesca e araba in due antologie pubblicate in occasione di letture del Salone Lirico Arabo-Tedesco, fondato dall'editore e poeta Fouad EL-Auwad nel 2005. Il titolo delle due antologie é " Die Kerze brennt noch" ("La candela brucia ancora", gennaio 2015) e "Zartheit des Feuers" ("La tenerezza del fuoco", dicembre 2015. Hedil Al-Rashid esprime la sua lirica oltre che nella poesie nella pittura